MES MOTS DE PASSE

Si vous venez de trouver ce carnet, merci de prendre contact avec :

Nom : _______________

Prénom : _______________

Tel : _______________

E-mail : _______________

Adresse : _______________

____

A	
Nom du site :	
Nom du site :	
Nom du site :	p.17
Nom du site :	
Nom du site :	
Nom du site :	
Nom du site :	p.18
Nom du site :	
Nom du site :	
Nom du site :	
Nom du site :	p.19
Nom du site :	
Nom du site :	

B	
Nom du site :	
Nom du site :	
Nom du site :	p.21
Nom du site :	
Nom du site :	
Nom du site :	
Nom du site :	p.22
Nom du site :	
Nom du site :	
Nom du site :	
Nom du site :	p.23
Nom du site :	
Nom du site :	

<table>
<tr><td colspan="2" align="center">C</td></tr>
<tr><td>Nom du site :</td><td rowspan="4">p.25</td></tr>
<tr><td>Nom du site :</td></tr>
<tr><td>Nom du site :</td></tr>
<tr><td>Nom du site :</td></tr>
<tr><td>Nom du site :</td><td rowspan="4">p.26</td></tr>
<tr><td>Nom du site :</td></tr>
<tr><td>Nom du site :</td></tr>
<tr><td>Nom du site :</td></tr>
<tr><td>Nom du site :</td><td rowspan="4">p.27</td></tr>
<tr><td>Nom du site :</td></tr>
<tr><td>Nom du site :</td></tr>
<tr><td>Nom du site :</td></tr>
<tr><td colspan="2" align="center">D</td></tr>
<tr><td>Nom du site :</td><td rowspan="4">p.29</td></tr>
<tr><td>Nom du site :</td></tr>
<tr><td>Nom du site :</td></tr>
<tr><td>Nom du site :</td></tr>
<tr><td>Nom du site :</td><td rowspan="4">p.30</td></tr>
<tr><td>Nom du site :</td></tr>
<tr><td>Nom du site :</td></tr>
<tr><td>Nom du site :</td></tr>
<tr><td>Nom du site :</td><td rowspan="4">p.31</td></tr>
<tr><td>Nom du site :</td></tr>
<tr><td>Nom du site :</td></tr>
<tr><td>Nom du site :</td></tr>
</table>

E	
Nom du site :	
Nom du site :	p.33
Nom du site :	
Nom du site :	
Nom du site :	
Nom du site :	p.34
Nom du site :	
Nom du site :	
Nom du site :	
Nom du site :	p.35
Nom du site :	
Nom du site :	

F	
Nom du site :	
Nom du site :	p.37
Nom du site :	
Nom du site :	
Nom du site :	
Nom du site :	p.38
Nom du site :	
Nom du site :	
Nom du site :	
Nom du site :	p.39
Nom du site :	
Nom du site :	

G		
Nom du site :		
Nom du site :		p.41
Nom du site :		
Nom du site :		
Nom du site :		
Nom du site :		p.42
Nom du site :		
Nom du site :		
Nom du site :		
Nom du site :		p.43
Nom du site :		
Nom du site :		
H		
Nom du site :		
Nom du site :		p.45
Nom du site :		
Nom du site :		
Nom du site :		
Nom du site :		p.46
Nom du site :		
Nom du site :		
Nom du site :		
Nom du site :		p.47
Nom du site :		
Nom du site :		

I	
Nom du site :	
Nom du site :	p.49
Nom du site :	
Nom du site :	
Nom du site :	
Nom du site :	p.50
Nom du site :	
Nom du site :	
Nom du site :	
Nom du site :	p.51
Nom du site :	
Nom du site :	

J	
Nom du site :	
Nom du site :	p.53
Nom du site :	
Nom du site :	
Nom du site :	
Nom du site :	p.54
Nom du site :	
Nom du site :	
Nom du site :	
Nom du site :	p.55
Nom du site :	
Nom du site :	

K	
Nom du site :	
Nom du site :	p.57
Nom du site :	
Nom du site :	
Nom du site :	
Nom du site :	p.58
Nom du site :	
Nom du site :	
Nom du site :	
Nom du site :	p.59
Nom du site :	
Nom du site :	

L	
Nom du site :	
Nom du site :	p.61
Nom du site :	
Nom du site :	
Nom du site :	
Nom du site :	p.62
Nom du site :	
Nom du site :	
Nom du site :	
Nom du site :	p.63
Nom du site :	
Nom du site :	

M	
Nom du site :	
Nom du site :	
Nom du site :	p.65
Nom du site :	
Nom du site :	
Nom du site :	
Nom du site :	p.66
Nom du site :	
Nom du site :	
Nom du site :	
Nom du site :	p.67
Nom du site :	
N	
Nom du site :	
Nom du site :	
Nom du site :	p.69
Nom du site :	
Nom du site :	
Nom du site :	
Nom du site :	p.70
Nom du site :	
Nom du site :	
Nom du site :	
Nom du site :	p.71
Nom du site :	

O	
Nom du site :	
Nom du site :	
Nom du site :	p.73
Nom du site :	
Nom du site :	
Nom du site :	
Nom du site :	p.74
Nom du site :	
Nom du site :	
Nom du site :	
Nom du site :	p.75
Nom du site :	
P	
Nom du site :	
Nom du site :	
Nom du site :	p.77
Nom du site :	
Nom du site :	
Nom du site :	
Nom du site :	p.78
Nom du site :	
Nom du site :	
Nom du site :	
Nom du site :	p.79
Nom du site :	

Q	
Nom du site :	
Nom du site :	
Nom du site :	p.81
Nom du site :	
Nom du site :	
Nom du site :	
Nom du site :	p.82
Nom du site :	
Nom du site :	
Nom du site :	
Nom du site :	p.83
Nom du site :	
R	
Nom du site :	
Nom du site :	
Nom du site :	p.85
Nom du site :	
Nom du site :	
Nom du site :	
Nom du site :	p.86
Nom du site :	
Nom du site :	
Nom du site :	
Nom du site :	p.87
Nom du site :	

S	
Nom du site :	
Nom du site :	p.89
Nom du site :	
Nom du site :	
Nom du site :	
Nom du site :	p.90
Nom du site :	
Nom du site :	
Nom du site :	
Nom du site :	p.91
Nom du site :	
Nom du site :	

T	
Nom du site :	
Nom du site :	p.93
Nom du site :	
Nom du site :	
Nom du site :	
Nom du site :	p.94
Nom du site :	
Nom du site :	
Nom du site :	
Nom du site :	p.95
Nom du site :	
Nom du site :	

U	
Nom du site :	
Nom du site :	
Nom du site :	p.97
Nom du site :	
Nom du site :	
Nom du site :	
Nom du site :	p.98
Nom du site :	
Nom du site :	
Nom du site :	
Nom du site :	p.99
Nom du site :	

V	
Nom du site :	
Nom du site :	
Nom du site :	p.101
Nom du site :	
Nom du site :	
Nom du site :	
Nom du site :	p.102
Nom du site :	
Nom du site :	
Nom du site :	
Nom du site :	p.103
Nom du site :	

W		
Nom du site :		
Nom du site :		
Nom du site :	p.105	
Nom du site :		
Nom du site :		
Nom du site :		
Nom du site :	p.106	
Nom du site :		
Nom du site :		
Nom du site :		
Nom du site :	p.107	
Nom du site :		
X		
Nom du site :		
Nom du site :		
Nom du site :	p.109	
Nom du site :		
Nom du site :		
Nom du site :		
Nom du site :	p.110	
Nom du site :		
Nom du site :		
Nom du site :		
Nom du site :	p.111	
Nom du site :		

Y	p.113
Nom du site :	
Nom du site :	
Nom du site :	
Nom du site :	

	p.114
Nom du site :	
Nom du site :	
Nom du site :	
Nom du site :	

	p.115
Nom du site :	
Nom du site :	
Nom du site :	
Nom du site :	

Z	p.117
Nom du site :	
Nom du site :	
Nom du site :	
Nom du site :	

	p.118
Nom du site :	
Nom du site :	
Nom du site :	
Nom du site :	

	p.119
Nom du site :	
Nom du site :	
Nom du site :	
Nom du site :	

1,2,3	
Nom du site :	
Nom du site :	
Nom du site :	p.121
Nom du site :	
Nom du site :	
Nom du site :	
Nom du site :	p.122
Nom du site :	
Nom du site :	
Nom du site :	
Nom du site :	p.123
Nom du site :	

NOTES

A

Nom du site :

Adresse e-mail :

Login & Mot de passe :

Mes notes :

Nom du site :

Adresse e-mail :

Login & Mot de passe :

Mes notes :

Nom du site :

Adresse e-mail :

Login & Mot de passe :

Mes notes :

Nom du site :

Adresse e-mail :

Login & Mot de passe :

Mes notes :

Nom du site :
Adresse e-mail :
Login & Mot de passe :
Mes notes :

Nom du site :
Adresse e-mail :
Login & Mot de passe :
Mes notes :

Nom du site :
Adresse e-mail :
Login & Mot de passe :
Mes notes :

Nom du site :
Adresse e-mail :
Login & Mot de passe :
Mes notes :

Nom du site :
Adresse e-mail :
Login & Mot de passe :
Mes notes :

Nom du site :
Adresse e-mail :
Login & Mot de passe :
Mes notes :

Nom du site :
Adresse e-mail :
Login & Mot de passe :
Mes notes :

Nom du site :
Adresse e-mail :
Login & Mot de passe :
Mes notes :

B

Nom du site :
Adresse e-mail :
Login & Mot de passe :
Mes notes :

Nom du site :
Adresse e-mail :
Login & Mot de passe :
Mes notes :

Nom du site :
Adresse e-mail :
Login & Mot de passe :
Mes notes :

Nom du site :
Adresse e-mail :
Login & Mot de passe :
Mes notes :

Nom du site :

Adresse e-mail :

Login & Mot de passe :

Mes notes :

Nom du site :

Adresse e-mail :

Login & Mot de passe :

Mes notes :

Nom du site :

Adresse e-mail :

Login & Mot de passe :

Mes notes :

Nom du site :

Adresse e-mail :

Login & Mot de passe :

Mes notes :

Nom du site :
Adresse e-mail :
Login & Mot de passe :
Mes notes :

Nom du site :
Adresse e-mail :
Login & Mot de passe :
Mes notes :

Nom du site :
Adresse e-mail :
Login & Mot de passe :
Mes notes :

Nom du site :
Adresse e-mail :
Login & Mot de passe :
Mes notes :

C

Nom du site :
Adresse e-mail :
Login & Mot de passe :
Mes notes :

Nom du site :
Adresse e-mail :
Login & Mot de passe :
Mes notes :

Nom du site :
Adresse e-mail :
Login & Mot de passe :
Mes notes :

Nom du site :
Adresse e-mail :
Login & Mot de passe :
Mes notes :

Nom du site :
Adresse e-mail :
Login & Mot de passe :
Mes notes :

Nom du site :
Adresse e-mail :
Login & Mot de passe :
Mes notes :

Nom du site :
Adresse e-mail :
Login & Mot de passe :
Mes notes :

Nom du site :
Adresse e-mail :
Login & Mot de passe :
Mes notes :

| Nom du site : |
| Adresse e-mail : |
| Login & Mot de passe : |
| Mes notes : |

| Nom du site : |
| Adresse e-mail : |
| Login & Mot de passe : |
| Mes notes : |

| Nom du site : |
| Adresse e-mail : |
| Login & Mot de passe : |
| Mes notes : |

| Nom du site : |
| Adresse e-mail : |
| Login & Mot de passe : |
| Mes notes : |

D

Nom du site :

Adresse e-mail :

Login & Mot de passe :

Mes notes :

Nom du site :

Adresse e-mail :

Login & Mot de passe :

Mes notes :

Nom du site :

Adresse e-mail :

Login & Mot de passe :

Mes notes :

Nom du site :

Adresse e-mail :

Login & Mot de passe :

Mes notes :

Nom du site :
Adresse e-mail :
Login & Mot de passe :
Mes notes :

Nom du site :
Adresse e-mail :
Login & Mot de passe :
Mes notes :

Nom du site :
Adresse e-mail :
Login & Mot de passe :
Mes notes :

Nom du site :
Adresse e-mail :
Login & Mot de passe :
Mes notes :

Nom du site :
Adresse e-mail :
Login & Mot de passe :
Mes notes :

Nom du site :
Adresse e-mail :
Login & Mot de passe :
Mes notes :

Nom du site :
Adresse e-mail :
Login & Mot de passe :
Mes notes :

Nom du site :
Adresse e-mail :
Login & Mot de passe :
Mes notes :

E

| Nom du site : |
| Adresse e-mail : |
| Login & Mot de passe : |
| Mes notes : |

| Nom du site : |
| Adresse e-mail : |
| Login & Mot de passe : |
| Mes notes : |

| Nom du site : |
| Adresse e-mail : |
| Login & Mot de passe : |
| Mes notes : |

| Nom du site : |
| Adresse e-mail : |
| Login & Mot de passe : |
| Mes notes : |

Nom du site :
Adresse e-mail :
Login & Mot de passe :
Mes notes :

Nom du site :
Adresse e-mail :
Login & Mot de passe :
Mes notes :

Nom du site :
Adresse e-mail :
Login & Mot de passe :
Mes notes :

Nom du site :
Adresse e-mail :
Login & Mot de passe :
Mes notes :

| Nom du site : |
| Adresse e-mail : |
| Login & Mot de passe : |
| Mes notes : |

| Nom du site : |
| Adresse e-mail : |
| Login & Mot de passe : |
| Mes notes : |

| Nom du site : |
| Adresse e-mail : |
| Login & Mot de passe : |
| Mes notes : |

| Nom du site : |
| Adresse e-mail : |
| Login & Mot de passe : |
| Mes notes : |

F

| Nom du site : |
| Adresse e-mail : |
| Login & Mot de passe : |
| Mes notes : |

| Nom du site : |
| Adresse e-mail : |
| Login & Mot de passe : |
| Mes notes : |

| Nom du site : |
| Adresse e-mail : |
| Login & Mot de passe : |
| Mes notes : |

| Nom du site : |
| Adresse e-mail : |
| Login & Mot de passe : |
| Mes notes : |

Nom du site :
Adresse e-mail :
Login & Mot de passe :
Mes notes :

Nom du site :
Adresse e-mail :
Login & Mot de passe :
Mes notes :

Nom du site :
Adresse e-mail :
Login & Mot de passe :
Mes notes :

Nom du site :
Adresse e-mail :
Login & Mot de passe :
Mes notes :

| Nom du site : |
| Adresse e-mail : |
| Login & Mot de passe : |
| Mes notes : |

| Nom du site : |
| Adresse e-mail : |
| Login & Mot de passe : |
| Mes notes : |

| Nom du site : |
| Adresse e-mail : |
| Login & Mot de passe : |
| Mes notes : |

| Nom du site : |
| Adresse e-mail : |
| Login & Mot de passe : |
| Mes notes : |

G

Nom du site :
Adresse e-mail :
Login & Mot de passe :
Mes notes :

Nom du site :
Adresse e-mail :
Login & Mot de passe :
Mes notes :

Nom du site :
Adresse e-mail :
Login & Mot de passe :
Mes notes :

Nom du site :
Adresse e-mail :
Login & Mot de passe :
Mes notes :

Nom du site :
Adresse e-mail :
Login & Mot de passe :
Mes notes :

Nom du site :
Adresse e-mail :
Login & Mot de passe :
Mes notes :

Nom du site :
Adresse e-mail :
Login & Mot de passe :
Mes notes :

Nom du site :
Adresse e-mail :
Login & Mot de passe :
Mes notes :

Nom du site :
Adresse e-mail :
Login & Mot de passe :
Mes notes :

Nom du site :
Adresse e-mail :
Login & Mot de passe :
Mes notes :

Nom du site :
Adresse e-mail :
Login & Mot de passe :
Mes notes :

Nom du site :
Adresse e-mail :
Login & Mot de passe :
Mes notes :

H

| Nom du site : |
| Adresse e-mail : |
| Login & Mot de passe : |
| Mes notes : |

| Nom du site : |
| Adresse e-mail : |
| Login & Mot de passe : |
| Mes notes : |

| Nom du site : |
| Adresse e-mail : |
| Login & Mot de passe : |
| Mes notes : |

| Nom du site : |
| Adresse e-mail : |
| Login & Mot de passe : |
| Mes notes : |

| Nom du site : |
| Adresse e-mail : |
| Login & Mot de passe : |
| Mes notes : |

| Nom du site : |
| Adresse e-mail : |
| Login & Mot de passe : |
| Mes notes : |

| Nom du site : |
| Adresse e-mail : |
| Login & Mot de passe : |
| Mes notes : |

| Nom du site : |
| Adresse e-mail : |
| Login & Mot de passe : |
| Mes notes : |

Nom du site :
Adresse e-mail :
Login & Mot de passe :
Mes notes :

Nom du site :
Adresse e-mail :
Login & Mot de passe :
Mes notes :

Nom du site :
Adresse e-mail :
Login & Mot de passe :
Mes notes :

Nom du site :
Adresse e-mail :
Login & Mot de passe :
Mes notes :

I

Nom du site :
Adresse e-mail :
Login & Mot de passe :
Mes notes :

Nom du site :
Adresse e-mail :
Login & Mot de passe :
Mes notes :

Nom du site :
Adresse e-mail :
Login & Mot de passe :
Mes notes :

Nom du site :
Adresse e-mail :
Login & Mot de passe :
Mes notes :

Nom du site :

Adresse e-mail :

Login & Mot de passe :

Mes notes :

Nom du site :

Adresse e-mail :

Login & Mot de passe :

Mes notes :

Nom du site :

Adresse e-mail :

Login & Mot de passe :

Mes notes :

Nom du site :

Adresse e-mail :

Login & Mot de passe :

Mes notes :

| Nom du site : |
| Adresse e-mail : |
| Login & Mot de passe : |
| Mes notes : |

| Nom du site : |
| Adresse e-mail : |
| Login & Mot de passe : |
| Mes notes : |

| Nom du site : |
| Adresse e-mail : |
| Login & Mot de passe : |
| Mes notes : |

| Nom du site : |
| Adresse e-mail : |
| Login & Mot de passe : |
| Mes notes : |

J

Nom du site :
Adresse e-mail :
Login & Mot de passe :
Mes notes :

Nom du site :
Adresse e-mail :
Login & Mot de passe :
Mes notes :

Nom du site :
Adresse e-mail :
Login & Mot de passe :
Mes notes :

Nom du site :
Adresse e-mail :
Login & Mot de passe :
Mes notes :

Nom du site :

Adresse e-mail :

Login & Mot de passe :

Mes notes :

Nom du site :

Adresse e-mail :

Login & Mot de passe :

Mes notes :

Nom du site :

Adresse e-mail :

Login & Mot de passe :

Mes notes :

Nom du site :

Adresse e-mail :

Login & Mot de passe :

Mes notes :

Nom du site :
Adresse e-mail :
Login & Mot de passe :
Mes notes :

Nom du site :
Adresse e-mail :
Login & Mot de passe :
Mes notes :

Nom du site :
Adresse e-mail :
Login & Mot de passe :
Mes notes :

Nom du site :
Adresse e-mail :
Login & Mot de passe :
Mes notes :

K

Nom du site :
Adresse e-mail :
Login & Mot de passe :
Mes notes :

Nom du site :
Adresse e-mail :
Login & Mot de passe :
Mes notes :

Nom du site :
Adresse e-mail :
Login & Mot de passe :
Mes notes :

Nom du site :
Adresse e-mail :
Login & Mot de passe :
Mes notes :

| Nom du site : |
| Adresse e-mail : |
| Login & Mot de passe : |
| Mes notes : |

| Nom du site : |
| Adresse e-mail : |
| Login & Mot de passe : |
| Mes notes : |

| Nom du site : |
| Adresse e-mail : |
| Login & Mot de passe : |
| Mes notes : |

| Nom du site : |
| Adresse e-mail : |
| Login & Mot de passe : |
| Mes notes : |

Nom du site :
Adresse e-mail :
Login & Mot de passe :
Mes notes :

Nom du site :
Adresse e-mail :
Login & Mot de passe :
Mes notes :

Nom du site :
Adresse e-mail :
Login & Mot de passe :
Mes notes :

Nom du site :
Adresse e-mail :
Login & Mot de passe :
Mes notes :

L

<table>
<tr><td>Nom du site :</td></tr>
<tr><td>Adresse e-mail :</td></tr>
<tr><td>Login & Mot de passe :</td></tr>
<tr><td>Mes notes :</td></tr>
</table>

<table>
<tr><td>Nom du site :</td></tr>
<tr><td>Adresse e-mail :</td></tr>
<tr><td>Login & Mot de passe :</td></tr>
<tr><td>Mes notes :</td></tr>
</table>

<table>
<tr><td>Nom du site :</td></tr>
<tr><td>Adresse e-mail :</td></tr>
<tr><td>Login & Mot de passe :</td></tr>
<tr><td>Mes notes :</td></tr>
</table>

<table>
<tr><td>Nom du site :</td></tr>
<tr><td>Adresse e-mail :</td></tr>
<tr><td>Login & Mot de passe :</td></tr>
<tr><td>Mes notes :</td></tr>
</table>

Nom du site :

Adresse e-mail :

Login & Mot de passe :

Mes notes :

Nom du site :

Adresse e-mail :

Login & Mot de passe :

Mes notes :

Nom du site :

Adresse e-mail :

Login & Mot de passe :

Mes notes :

Nom du site :

Adresse e-mail :

Login & Mot de passe :

Mes notes :

| Nom du site : |
| Adresse e-mail : |
| Login & Mot de passe : |
| Mes notes : |

| Nom du site : |
| Adresse e-mail : |
| Login & Mot de passe : |
| Mes notes : |

| Nom du site : |
| Adresse e-mail : |
| Login & Mot de passe : |
| Mes notes : |

| Nom du site : |
| Adresse e-mail : |
| Login & Mot de passe : |
| Mes notes : |

M

Nom du site :

Adresse e-mail :

Login & Mot de passe :

Mes notes :

Nom du site :

Adresse e-mail :

Login & Mot de passe :

Mes notes :

Nom du site :

Adresse e-mail :

Login & Mot de passe :

Mes notes :

Nom du site :

Adresse e-mail :

Login & Mot de passe :

Mes notes :

| Nom du site : |
| Adresse e-mail : |
| Login & Mot de passe : |
| Mes notes : |

| Nom du site : |
| Adresse e-mail : |
| Login & Mot de passe : |
| Mes notes : |

| Nom du site : |
| Adresse e-mail : |
| Login & Mot de passe : |
| Mes notes : |

| Nom du site : |
| Adresse e-mail : |
| Login & Mot de passe : |
| Mes notes : |

Nom du site :

Adresse e-mail :

Login & Mot de passe :

Mes notes :

Nom du site :

Adresse e-mail :

Login & Mot de passe :

Mes notes :

Nom du site :

Adresse e-mail :

Login & Mot de passe :

Mes notes :

Nom du site :

Adresse e-mail :

Login & Mot de passe :

Mes notes :

N

| Nom du site : |
| Adresse e-mail : |
| Login & Mot de passe : |
| Mes notes : |

| Nom du site : |
| Adresse e-mail : |
| Login & Mot de passe : |
| Mes notes : |

| Nom du site : |
| Adresse e-mail : |
| Login & Mot de passe : |
| Mes notes : |

| Nom du site : |
| Adresse e-mail : |
| Login & Mot de passe : |
| Mes notes : |

Nom du site :

Adresse e-mail :

Login & Mot de passe :

Mes notes :

Nom du site :

Adresse e-mail :

Login & Mot de passe :

Mes notes :

Nom du site :

Adresse e-mail :

Login & Mot de passe :

Mes notes :

Nom du site :

Adresse e-mail :

Login & Mot de passe :

Mes notes :

Nom du site :
Adresse e-mail :
Login & Mot de passe :
Mes notes :

Nom du site :
Adresse e-mail :
Login & Mot de passe :
Mes notes :

Nom du site :
Adresse e-mail :
Login & Mot de passe :
Mes notes :

Nom du site :
Adresse e-mail :
Login & Mot de passe :
Mes notes :

O

Nom du site :

Adresse e-mail :

Login & Mot de passe :

Mes notes :

Nom du site :

Adresse e-mail :

Login & Mot de passe :

Mes notes :

Nom du site :

Adresse e-mail :

Login & Mot de passe :

Mes notes :

Nom du site :

Adresse e-mail :

Login & Mot de passe :

Mes notes :

Nom du site :
Adresse e-mail :
Login & Mot de passe :
Mes notes :

Nom du site :
Adresse e-mail :
Login & Mot de passe :
Mes notes :

Nom du site :
Adresse e-mail :
Login & Mot de passe :
Mes notes :

Nom du site :
Adresse e-mail :
Login & Mot de passe :
Mes notes :

Nom du site :
Adresse e-mail :
Login & Mot de passe :
Mes notes :

Nom du site :
Adresse e-mail :
Login & Mot de passe :
Mes notes :

Nom du site :
Adresse e-mail :
Login & Mot de passe :
Mes notes :

Nom du site :
Adresse e-mail :
Login & Mot de passe :
Mes notes :

P

<table>
<tr><td>Nom du site :</td></tr>
<tr><td>Adresse e-mail :</td></tr>
<tr><td>Login & Mot de passe :</td></tr>
<tr><td>Mes notes :</td></tr>
</table>

<table>
<tr><td>Nom du site :</td></tr>
<tr><td>Adresse e-mail :</td></tr>
<tr><td>Login & Mot de passe :</td></tr>
<tr><td>Mes notes :</td></tr>
</table>

<table>
<tr><td>Nom du site :</td></tr>
<tr><td>Adresse e-mail :</td></tr>
<tr><td>Login & Mot de passe :</td></tr>
<tr><td>Mes notes :</td></tr>
</table>

<table>
<tr><td>Nom du site :</td></tr>
<tr><td>Adresse e-mail :</td></tr>
<tr><td>Login & Mot de passe :</td></tr>
<tr><td>Mes notes :</td></tr>
</table>

Nom du site :
Adresse e-mail :
Login & Mot de passe :
Mes notes :

Nom du site :
Adresse e-mail :
Login & Mot de passe :
Mes notes :

Nom du site :
Adresse e-mail :
Login & Mot de passe :
Mes notes :

Nom du site :
Adresse e-mail :
Login & Mot de passe :
Mes notes :

| Nom du site : |
| Adresse e-mail : |
| Login & Mot de passe : |
| Mes notes : |

| Nom du site : |
| Adresse e-mail : |
| Login & Mot de passe : |
| Mes notes : |

| Nom du site : |
| Adresse e-mail : |
| Login & Mot de passe : |
| Mes notes : |

| Nom du site : |
| Adresse e-mail : |
| Login & Mot de passe : |
| Mes notes : |

Q

Nom du site :	
Adresse e-mail :	
Login & Mot de passe :	
Mes notes :	

Nom du site :	
Adresse e-mail :	
Login & Mot de passe :	
Mes notes :	

Nom du site :	
Adresse e-mail :	
Login & Mot de passe :	
Mes notes :	

Nom du site :	
Adresse e-mail :	
Login & Mot de passe :	
Mes notes :	

| Nom du site : |
| Adresse e-mail : |
| Login & Mot de passe : |
| Mes notes : |

| Nom du site : |
| Adresse e-mail : |
| Login & Mot de passe : |
| Mes notes : |

| Nom du site : |
| Adresse e-mail : |
| Login & Mot de passe : |
| Mes notes : |

| Nom du site : |
| Adresse e-mail : |
| Login & Mot de passe : |
| Mes notes : |

<table>
<tr><td>Nom du site :</td></tr>
<tr><td>Adresse e-mail :</td></tr>
<tr><td>Login & Mot de passe :</td></tr>
<tr><td>Mes notes :</td></tr>
</table>

<table>
<tr><td>Nom du site :</td></tr>
<tr><td>Adresse e-mail :</td></tr>
<tr><td>Login & Mot de passe :</td></tr>
<tr><td>Mes notes :</td></tr>
</table>

<table>
<tr><td>Nom du site :</td></tr>
<tr><td>Adresse e-mail :</td></tr>
<tr><td>Login & Mot de passe :</td></tr>
<tr><td>Mes notes :</td></tr>
</table>

<table>
<tr><td>Nom du site :</td></tr>
<tr><td>Adresse e-mail :</td></tr>
<tr><td>Login & Mot de passe :</td></tr>
<tr><td>Mes notes :</td></tr>
</table>

R

| Nom du site : |
| Adresse e-mail : |
| Login & Mot de passe : |
| Mes notes : |

| Nom du site : |
| Adresse e-mail : |
| Login & Mot de passe : |
| Mes notes : |

| Nom du site : |
| Adresse e-mail : |
| Login & Mot de passe : |
| Mes notes : |

| Nom du site : |
| Adresse e-mail : |
| Login & Mot de passe : |
| Mes notes : |

Nom du site :
Adresse e-mail :
Login & Mot de passe :
Mes notes :

Nom du site :
Adresse e-mail :
Login & Mot de passe :
Mes notes :

Nom du site :
Adresse e-mail :
Login & Mot de passe :
Mes notes :

Nom du site :
Adresse e-mail :
Login & Mot de passe :
Mes notes :

Nom du site :
Adresse e-mail :
Login & Mot de passe :
Mes notes :

Nom du site :
Adresse e-mail :
Login & Mot de passe :
Mes notes :

Nom du site :
Adresse e-mail :
Login & Mot de passe :
Mes notes :

Nom du site :
Adresse e-mail :
Login & Mot de passe :
Mes notes :

S

Nom du site :
Adresse e-mail :
Login & Mot de passe :
Mes notes :

Nom du site :
Adresse e-mail :
Login & Mot de passe :
Mes notes :

Nom du site :
Adresse e-mail :
Login & Mot de passe :
Mes notes :

Nom du site :
Adresse e-mail :
Login & Mot de passe :
Mes notes :

Nom du site :

Adresse e-mail :

Login & Mot de passe :

Mes notes :

Nom du site :

Adresse e-mail :

Login & Mot de passe :

Mes notes :

Nom du site :

Adresse e-mail :

Login & Mot de passe :

Mes notes :

Nom du site :

Adresse e-mail :

Login & Mot de passe :

Mes notes :

Nom du site :
Adresse e-mail :
Login & Mot de passe :
Mes notes :

Nom du site :
Adresse e-mail :
Login & Mot de passe :
Mes notes :

Nom du site :
Adresse e-mail :
Login & Mot de passe :
Mes notes :

Nom du site :
Adresse e-mail :
Login & Mot de passe :
Mes notes :

T

<table>
<tr><td>Nom du site :</td></tr>
<tr><td>Adresse e-mail :</td></tr>
<tr><td>Login & Mot de passe :</td></tr>
<tr><td>Mes notes :</td></tr>
</table>

<table>
<tr><td>Nom du site :</td></tr>
<tr><td>Adresse e-mail :</td></tr>
<tr><td>Login & Mot de passe :</td></tr>
<tr><td>Mes notes :</td></tr>
</table>

<table>
<tr><td>Nom du site :</td></tr>
<tr><td>Adresse e-mail :</td></tr>
<tr><td>Login & Mot de passe :</td></tr>
<tr><td>Mes notes :</td></tr>
</table>

<table>
<tr><td>Nom du site :</td></tr>
<tr><td>Adresse e-mail :</td></tr>
<tr><td>Login & Mot de passe :</td></tr>
<tr><td>Mes notes :</td></tr>
</table>

Nom du site :

Adresse e-mail :

Login & Mot de passe :

Mes notes :

Nom du site :

Adresse e-mail :

Login & Mot de passe :

Mes notes :

Nom du site :

Adresse e-mail :

Login & Mot de passe :

Mes notes :

Nom du site :

Adresse e-mail :

Login & Mot de passe :

Mes notes :

| Nom du site : |
| Adresse e-mail : |
| Login & Mot de passe : |
| Mes notes : |

| Nom du site : |
| Adresse e-mail : |
| Login & Mot de passe : |
| Mes notes : |

| Nom du site : |
| Adresse e-mail : |
| Login & Mot de passe : |
| Mes notes : |

| Nom du site : |
| Adresse e-mail : |
| Login & Mot de passe : |
| Mes notes : |

U

Nom du site :
Adresse e-mail :
Login & Mot de passe :
Mes notes :

Nom du site :
Adresse e-mail :
Login & Mot de passe :
Mes notes :

Nom du site :
Adresse e-mail :
Login & Mot de passe :
Mes notes :

Nom du site :
Adresse e-mail :
Login & Mot de passe :
Mes notes :

Nom du site :
Adresse e-mail :
Login & Mot de passe :
Mes notes :

Nom du site :
Adresse e-mail :
Login & Mot de passe :
Mes notes :

Nom du site :
Adresse e-mail :
Login & Mot de passe :
Mes notes :

Nom du site :
Adresse e-mail :
Login & Mot de passe :
Mes notes :

| Nom du site : |
| Adresse e-mail : |
| Login & Mot de passe : |
| Mes notes : |

| Nom du site : |
| Adresse e-mail : |
| Login & Mot de passe : |
| Mes notes : |

| Nom du site : |
| Adresse e-mail : |
| Login & Mot de passe : |
| Mes notes : |

| Nom du site : |
| Adresse e-mail : |
| Login & Mot de passe : |
| Mes notes : |

V

| Nom du site : |
| Adresse e-mail : |
| Login & Mot de passe : |
| Mes notes : |

| Nom du site : |
| Adresse e-mail : |
| Login & Mot de passe : |
| Mes notes : |

| Nom du site : |
| Adresse e-mail : |
| Login & Mot de passe : |
| Mes notes : |

| Nom du site : |
| Adresse e-mail : |
| Login & Mot de passe : |
| Mes notes : |

| Nom du site : |
| Adresse e-mail : |
| Login & Mot de passe : |
| Mes notes : |

| Nom du site : |
| Adresse e-mail : |
| Login & Mot de passe : |
| Mes notes : |

| Nom du site : |
| Adresse e-mail : |
| Login & Mot de passe : |
| Mes notes : |

| Nom du site : |
| Adresse e-mail : |
| Login & Mot de passe : |
| Mes notes : |

Nom du site :
Adresse e-mail :
Login & Mot de passe :
Mes notes :

Nom du site :
Adresse e-mail :
Login & Mot de passe :
Mes notes :

Nom du site :
Adresse e-mail :
Login & Mot de passe :
Mes notes :

Nom du site :
Adresse e-mail :
Login & Mot de passe :
Mes notes :

W

Nom du site :

Adresse e-mail :

Login & Mot de passe :

Mes notes :

Nom du site :

Adresse e-mail :

Login & Mot de passe :

Mes notes :

Nom du site :

Adresse e-mail :

Login & Mot de passe :

Mes notes :

Nom du site :

Adresse e-mail :

Login & Mot de passe :

Mes notes :

Nom du site :

Adresse e-mail :

Login & Mot de passe :

Mes notes :

Nom du site :

Adresse e-mail :

Login & Mot de passe :

Mes notes :

Nom du site :

Adresse e-mail :

Login & Mot de passe :

Mes notes :

Nom du site :

Adresse e-mail :

Login & Mot de passe :

Mes notes :

<table>
<tr><td>Nom du site :</td></tr>
<tr><td>Adresse e-mail :</td></tr>
<tr><td>Login & Mot de passe :</td></tr>
<tr><td>Mes notes :</td></tr>
</table>

<table>
<tr><td>Nom du site :</td></tr>
<tr><td>Adresse e-mail :</td></tr>
<tr><td>Login & Mot de passe :</td></tr>
<tr><td>Mes notes :</td></tr>
</table>

<table>
<tr><td>Nom du site :</td></tr>
<tr><td>Adresse e-mail :</td></tr>
<tr><td>Login & Mot de passe :</td></tr>
<tr><td>Mes notes :</td></tr>
</table>

<table>
<tr><td>Nom du site :</td></tr>
<tr><td>Adresse e-mail :</td></tr>
<tr><td>Login & Mot de passe :</td></tr>
<tr><td>Mes notes :</td></tr>
</table>

X

| Nom du site : |
| Adresse e-mail : |
| Login & Mot de passe : |
| Mes notes : |

| Nom du site : |
| Adresse e-mail : |
| Login & Mot de passe : |
| Mes notes : |

| Nom du site : |
| Adresse e-mail : |
| Login & Mot de passe : |
| Mes notes : |

| Nom du site : |
| Adresse e-mail : |
| Login & Mot de passe : |
| Mes notes : |

Nom du site :

Adresse e-mail :

Login & Mot de passe :

Mes notes :

Nom du site :

Adresse e-mail :

Login & Mot de passe :

Mes notes :

Nom du site :

Adresse e-mail :

Login & Mot de passe :

Mes notes :

Nom du site :

Adresse e-mail :

Login & Mot de passe :

Mes notes :

| Nom du site : |
| Adresse e-mail : |
| Login & Mot de passe : |
| Mes notes : |

| Nom du site : |
| Adresse e-mail : |
| Login & Mot de passe : |
| Mes notes : |

| Nom du site : |
| Adresse e-mail : |
| Login & Mot de passe : |
| Mes notes : |

| Nom du site : |
| Adresse e-mail : |
| Login & Mot de passe : |
| Mes notes : |

Y

Nom du site :
Adresse e-mail :
Login & Mot de passe :
Mes notes :

Nom du site :
Adresse e-mail :
Login & Mot de passe :
Mes notes :

Nom du site :
Adresse e-mail :
Login & Mot de passe :
Mes notes :

Nom du site :
Adresse e-mail :
Login & Mot de passe :
Mes notes :

| Nom du site : |
| Adresse e-mail : |
| Login & Mot de passe : |
| Mes notes : |

| Nom du site : |
| Adresse e-mail : |
| Login & Mot de passe : |
| Mes notes : |

| Nom du site : |
| Adresse e-mail : |
| Login & Mot de passe : |
| Mes notes : |

| Nom du site : |
| Adresse e-mail : |
| Login & Mot de passe : |
| Mes notes : |

Nom du site :	
Adresse e-mail :	
Login & Mot de passe :	
Mes notes :	

Nom du site :	
Adresse e-mail :	
Login & Mot de passe :	
Mes notes :	

Nom du site :	
Adresse e-mail :	
Login & Mot de passe :	
Mes notes :	

Nom du site :	
Adresse e-mail :	
Login & Mot de passe :	
Mes notes :	

Z

Nom du site :
Adresse e-mail :
Login & Mot de passe :
Mes notes :

Nom du site :
Adresse e-mail :
Login & Mot de passe :
Mes notes :

Nom du site :
Adresse e-mail :
Login & Mot de passe :
Mes notes :

Nom du site :
Adresse e-mail :
Login & Mot de passe :
Mes notes :

Nom du site :
Adresse e-mail :
Login & Mot de passe :
Mes notes :

Nom du site :
Adresse e-mail :
Login & Mot de passe :
Mes notes :

Nom du site :
Adresse e-mail :
Login & Mot de passe :
Mes notes :

Nom du site :
Adresse e-mail :
Login & Mot de passe :
Mes notes :

Nom du site :

Adresse e-mail :

Login & Mot de passe :

Mes notes :

Nom du site :

Adresse e-mail :

Login & Mot de passe :

Mes notes :

Nom du site :

Adresse e-mail :

Login & Mot de passe :

Mes notes :

Nom du site :

Adresse e-mail :

Login & Mot de passe :

Mes notes :

1,2,3

Nom du site :
Adresse e-mail :
Login & Mot de passe :
Mes notes :

Nom du site :
Adresse e-mail :
Login & Mot de passe :
Mes notes :

Nom du site :
Adresse e-mail :
Login & Mot de passe :
Mes notes :

Nom du site :
Adresse e-mail :
Login & Mot de passe :
Mes notes :

Nom du site :
Adresse e-mail :
Login & Mot de passe :
Mes notes :

Nom du site :
Adresse e-mail :
Login & Mot de passe :
Mes notes :

Nom du site :
Adresse e-mail :
Login & Mot de passe :
Mes notes :

Nom du site :
Adresse e-mail :
Login & Mot de passe :
Mes notes :

Nom du site :

Adresse e-mail :

Login & Mot de passe :

Mes notes :

Nom du site :

Adresse e-mail :

Login & Mot de passe :

Mes notes :

Nom du site :

Adresse e-mail :

Login & Mot de passe :

Mes notes :

Nom du site :

Adresse e-mail :

Login & Mot de passe :

Mes notes :

www.ingramcontent.com/pod-product-compliance
Lightning Source LLC
Chambersburg PA
CBHW051429150726
48000CB00005B/2008